CH'IXINAKAX UTXIWA

Ch'ixinakax utxiwa: **uma reflexão sobre práticas e discursos descolonizadores**

Silvia Rivera Cusicanqui

ISBN 9786586941692

Embora adote a maioria dos usos editoriais do âmbito brasileiro, a **n-1 edições** não segue necessariamente as convenções das instituições normativas, pois considera a edição um trabalho de criação que deve interagir com a pluralidade de linguagens e a especificidade de cada obra publicada.

COORDENAÇÃO EDITORIAL **Peter Pál Pelbart e Ricardo Muniz Fernandes**
DIREÇÃO DE ARTE **Ricardo Muniz Fernandes**
ASSISTENTE EDITORIAL **Inês Mendonça**
TRADUÇÃO E NOTAS **Ana Luiza Braga e Lior Zisman Zalis**
PREPARAÇÃO **Graziela Marcolin**
PROJETO GRÁFICO **Érico Peretta**

1ª edição | São Paulo | dezembro de 2021
n-1edicoes.org

Silvia Rivera Cusicanqui

CH'IXINAKAX UTXIWA

Uma reflexão sobre práticas e discursos descolonizadores

n-1 edições

Apresentação da primeira edição

Silvia Rivera Cusicanqui vive em La Paz, onde trabalha como socióloga e docente na Universidad Mayor de San Andrés. Publicou numerosos trabalhos sobre a história política e social da Bolívia, entre eles *Oprimidos pero no vencidos*, *Las fronteras de la coca* e *Ser mujer indígena, chola o birlocha en la Bolivia postcolonial de los años 90*. No começo da década de 1980, fundou o Taller de Historia Oral Andina [Oficina de história oral andina] e participou ativamente da editora Aruwiyiri. Atualmente, integra *El Coletivo*, grupo de investigação que publica uma revista "sazonal, alternativa e irreverente".

Há algum tempo, Cusicanqui propõe uma metodologia inovadora para a análise histórica: a *sociologia da imagem*. As imagens têm o poder de construir uma narrativa crítica capaz de desmascarar as distintas formas do colonialismo contemporâneo. No contexto de um devir histórico que privilegia o textual em detrimento das culturas visuais, são as imagens, mais do que as palavras, que permitem captar os sentidos bloqueados e esquecidos pela língua oficial.

"No colonialismo, há uma função muito peculiar para as palavras: elas não designam, mas encobrem." Por isso, a descolonização não pode ser apenas um pensamento ou uma retórica, pois as palavras costumam se desvincular das práticas. Pode-se falar contra o racismo ao mesmo tempo que, subterraneamente, ele impregna e orienta nossas ações. De que outro modo, indaga Cusicanqui, se explicariam as irrupções racistas coletivas em Cochabamba e Sucre em 2007 e 2008?

Ao mesmo tempo, o registro visual nos permite descobrir os modos pelos quais o colonialismo se combate, se subverte e se ironiza, agora e sempre. É assim que os desenhos de um cronista do século XVII (que fazem parte deste livro) podem ser interpretados como verdadeiros *flashbacks*, a partir dos quais podemos repensar o passado por um novo olhar do presente. E vice-versa: porque a partir dessas imagens do passado, apartadas do ordenamento histórico oficial, é possível reabrir a pretensa objetividade do presente. Este procedimento de problematização visual é então duplamente potente, uma vez que nos fala de uma história viva que luta constantemente por irromper, submetida a um jogo de forças que a atualiza; e, além disso, nos conecta com as culturas visuais como potências de interpretação, desmistificação e contraponto das culturas letradas.

E o que são hoje as nossas cidades senão uma espécie de excesso de imagens, de transbordamento visual, uma promiscuidade de cenas, signos e situações?

A vida urbana contemporânea – em La Paz ou em Buenos Aires – nos conecta diretamente com outra preocupação de Cusicanqui: o modo como o mestiço ou o *ch'ixi* dá conta de uma realidade em que "coexistem em paralelo múltiplas diferenças culturais que não se fundem, mas que se antagonizam ou se complementam". Trata-se de uma mistura que não é isenta de conflito, já que "cada diferença reproduz a si mesma a partir da profundidade do passado e se relaciona com as outras de forma contenciosa".

Em pleno auge das festividades bicentenárias em nosso continente, o índio não pode ser reduzido ao arcaico, nem pode o originário converter-se em mais um estereótipo. A atualidade de nossas cidades abigarradas[1] não pode ser pensada sem esse conjunto de

1. O termo 'abigarrado' é utilizado por Silvia Rivera Cusicanqui em referência ao conceito de "sociedad abigarrada", cunhado pelo teórico boliviano René Zavaleta Mercado, que indica a complexidade da convivência de diversos tempos históricos e realidades sociais e jurídicas nas sociedades atravessadas por processos coloniais. No prólogo da antologia *La autodeterminación de las masas*, Luis Tapia assinala que, em condições de *abigarramiento*, não é possível sustentar a validade de um único modelo teórico para explicar fatos que ocorrem segundo diferentes modos de significação, de maneira que uma explicação universal se converteria em uma forma de desconhecimento e dominação de uma realidade complexa. Analisando o contexto histórico andino em *Las masas en noviembre* (1983), Zavaleta propõe o *abigarramiento* como uma forma de sobreposição de "densidades temporais mescladas [...], com o particularismo de cada região porque aqui cada vale é uma pátria, em um composto no qual cada povo veste, canta, come e produz de um modo particular; e todos falam

deslocamentos territoriais que atravessam todo tipo de fronteiras (de países, ofícios, costumes, linguagens, comidas etc.). É nesse ir e vir incessante que se constitui a trama material de nossa vida diária.

O índio não deve ser pensado, portanto, em termos de uma identidade rígida, mas tampouco pode ser absorvido no discurso fictício do hibridismo. O *ch'ixi*, como alternativa a tais posturas, conjuga opostos sem subsumir um ao outro, justapondo diferenças concretas que não tendem a uma comunhão desproblematizada. O *ch'ixi* constitui assim uma imagem poderosa para pensar a coexistência de elementos heterogêneos que não aspiram à fusão e que não produzem um termo novo, superador e totalizante.

línguas e sotaques diferentes sem que nenhuma possa, por um instante sequer, chamar-se a língua universal de todos" (ZAVALETA, René; TAPIA, Luis. La autodeterminación de las masas. Siglo XXI, 2015. p. 2014). Algumas traduções literais do termo ao português poderiam ser 'matizado', 'mesclado', 'heterogêneo' ou 'multicolor'. Na revisão de estudos sobre o autor em língua portuguesa, no entanto, o conceito é frequentemente encontrado sem tradução. Aqui, também optamos por mantê-lo no original ao longo do texto, tanto por sua riqueza conceitual e poética, que poderia equivocadamente ser reduzida à ambivalente noção de multiculturalidade, quanto por uma aposta pela contaminação entre vocabulários políticos latino-americanos [N.T.]

Com esta publicação conjunta das editoras Editorial Retazos e Tinta Limón, buscamos vincular essas elaborações com as realidades que aqui vivemos, que ocasionam situações complexas e singulares, nas quais se chega ao ponto de se justificar judicialmente a exploração do trabalho nas fábricas têxteis clandestinas em nome das "tradições andinas". Mas também nos interessa desafiar esses discursos a partir das experiências de construção de novos territórios nos quais se reinventam as figuras do fazer coletivo - territórios que conjugam de outra maneira as formas comunitárias e a organização política autônoma. Estas premissas nos permitem relançar, aqui e agora, a pergunta pelas práticas de descolonização.

Junho de 2010

O outro bicentenário

A rebelião de Tupaq Katari em 1781 faz parte de um ciclo de mobilizações pan-andinas em massa que sacode toda a região em resposta às políticas bourbônicas implantadas desde meados daquele século, que buscavam reforçar o controle da Coroa sobre a sociedade e a economia coloniais. O que havia sido na Espanha um conjunto de reformas progressistas, no sentido mercantil-capitalista do termo, se converte em formas de mercantilismo colonial por meio dos *repartos*[2] compulsórios de mercadorias que os corregedores europeus usaram como meio de apropriação coerciva de excedentes e circuitos comerciais. Essas novas formas de acumulação comercial em mãos indígenas foram gestadas desde o século XVI no espaço que se denominou o *trajín*.[3] No século XVIII, o mercado foi cenário de formas coloniais coercivas que forçavam os índios a comprar e a endividar-se com os *repartos*, legalizados a partir de 1750. A historiografia da rebelião pan-andina destacou as distribuições como o fator estrutural

2. O *reparto* foi um mecanismo colonial, instituído no século XVIII pelas reformas bourbônicas, que impôs à população nativa a compra de bens e mercadorias oferecidas pelos corregedores a preços extorsivos. Esta introdução compulsória no mercado de consumo foi motivo de agitações sociais constantes no espaço andino. [N.T.]

3. Caminhos pré-coloniais e coloniais nos quais os *trajinantes* realizavam parte do comércio indígena. [N.T.]

mais visível por trás do mal-estar coletivo que culminou na grande rebelião de 1781, cuja principal batalha foi o cerco da cidade de La Paz, entre março e outubro daquele ano, sob o comando de Julián Apaza-Tupaq Katari e seu estado-maior de autoridades indígenas.

Se observamos a rebelião de Katari desde o presente, a memória das ações se projeta no ciclo de levantes e bloqueios de estradas dos anos 2000-2005, com epicentro na cidade de El Alto, um dos quartéis generais das tropas rebeldes em 1781. O que se vivenciou em anos recentes evoca uma inversão do tempo histórico, a insurgência de um passado e de um futuro, que pode culminar em catástrofe ou em renovação. A derrota dos índios em 1781 construiu símbolos de dominação que perduraram, por meio da pintura, do teatro e da tradição oral. Em 2003-2005, essa derrota se reverte em uma vitória dos insurgentes. Nestes momentos delirantes de ação coletiva, o que se vive é uma mudança na consciência, nas identidades e formas de conhecer, nos modos de conceber a política. A crônica do presente e a historiografia do século XVIII subestimaram e simplificaram a política das comunidades para atribuí-la aos excessos e promessas de um punhado de caudilhos, escamoteando todo o intenso processo de politização da vida cotidiana que se vive em momentos de revolta. Na historiografia do movimento de Tupaq Katari, o radicalismo e a violência coletiva que o caracterizaram foram frequentemente explicados a partir de uma série de atribuições essencialistas que aludem ao caráter "indomável", "selvagem" e "irracional" dos índios, e em particular da "raça aymara".

Interpretações igualmente contraditórias do processo insurgente podem ser vistas nos museus e nos pontos turísticos de La Paz. Assim, no Museo Costumbrista[4] do parque Riosiño, Tupaq Katari é representado como um esquartejado. Esta cena já havia sido apresentada no teatro: em 1786, cinco anos após o ocorrido, esse episódio cruel foi encenado em uma obra pedagógica popular (Soria, 1980) em La Paz. As figuras do Museo Costumbrista retomam a tradição popular das *Alasitas*[5] com miniaturas de gesso, mas mostram Katari no momento de seu esquartejamento. A cena plasma a solidão do corpo indígena – separado de suas bases comunitárias e atado a quatro cavalos – em meio aos algozes que o rodeiam. Mas a imagem deve ter ressonâncias distintas segundo quem a observa:

4. Museo Costumbrista Juan de Vargas, o museu do folclore e de arte popular em La Paz. [N.T.]

5. Referente a uma antiga tradição de artesanato andino de miniaturas que representam desejos e aspirações. [N.T.]

para alguns, será um índio sanguinário que recebeu o que merecia; para outros, um corpo desmembrado que será reunificado algum dia, inaugurando um novo ciclo da história.

No Museo de la Casa Murillo, na rua Jaén, está exposto um quadro de Florentino Olivares[6] feito no século XIX, cópia de uma tela perdida do final do século XVIII. Nele, vê-se o cerco aymara sobre uma cidade militarizada. A investida de milhares de corpos escuros no horizonte confronta a marcha da cavalaria e a tropa armada, mas uns poucos detalhes – os enforcados por ambos os lados – marcam a memória de uma dramática luta de extermínio. O terror urbano se transforma em linchamento, a cidade parece persistir nessa memória ameaçadora: ontem, índios amontoados nas alturas, controlando os morros, dominando a paisagem e sufocando o vale desde El Alto e do morro Killi-Killi. Hoje, ladrões e imigrantes desarraigados que saem das fronteiras da sociedade e a ameaçam com violências individualizadas.

O cume do morro onde foi exposta a cabeça de Katari depois de seu esquartejamento converteu-se em um mirante turístico que hoje oferece uma vista soberba sobre o vale pacenho, mas a cada 14 de novembro este

6. A obra *El lienzo*, de 1888. [N.T.]

"lugar de memória" convoca *ayllus*[7] e comunidades aymaras, bem como movimentos políticos indigenistas e especialistas rituais, que conclamam a continuar a luta e convocam à reunificação do corpo político fragmentado da sociedade indígena.[8]

Estas visões conflitivas da história têm nos acompanhado desde os anos 1970, quando se reorganiza a Confederação Sindical Única de Trabalhadores Camponeses da Bolívia sob a égide do movimento katarista, decretando em novembro de 1979 um bloqueio em massa das estradas e paralisando a comunicação e o abastecimento das cidades por várias semanas. Neste contexto, a imagem do cerco retorna de forma ameaçadora, e são organizados grupos de autodefesa armada nos bairros ricos para responder à iminente violência dos insurgentes. Em 2003, o cerco índio[9] se expande de El Alto até a zona residencial de La Paz,

7. Uma forma tradicional de comunidade familiar e política nos Andes. [N.T.]

8. Estes temas são abordados em investigações em curso por Pablo Mamani e Sinclair Thomson sobre a memória e as repercussões ideológicas atuais do ciclo rebelde de Tupaq Katari (comunicação pessoal, 14/7/2008).

9. A autora frequentemente usa a palavra *índio* como uma forma de reivindicar o erro de Cristóvão Colombo, que pensava rumar à Índia ao chegar à América. Cusicanqui prefere o termo a outros como *indígena* ou *originário*, pois refere-se não a uma identidade anterior, mas a uma identificação dada pelo colonizador. [N.T.]

onde se insurgem as comunidades de Apaña e Uni. Como em 1979, a paranoia instala-se nos bairros ricos da zona sul. A reação do Estado diante desse cerco índio foi um massacre preventivo: resposta tipicamente colonial frente às demandas democráticas de participação política indígena. Ambas as mobilizações se nutrem do processo de 1781: as marchas, os bloqueios, a tomada dos morros e a investida contra os centros de poder, bem como a repressão e a violência punitiva contra a multidão insurgente, possuem esta longa raiz e são parte da memória coletiva de todas e todos os participantes.

O estudo mais completo sobre o ciclo katarista de 1781 é a tese de doutorado de Sinclair Thomson, cuja edição em castelhano se intitula *Cuando sólo gobernasen los indios: la política aymara en la era de la insurgencia* (La Paz, 2007). A omissão das datas no título obedece ao desejo do autor de provocar ressonâncias com a insurgência do presente. O livro trata de um longo ciclo de rebeliões, no qual vão sendo formulados temas recorrentes. Estes, por sua vez, voltarão à tona em 1979 e em 2000-2005, reiterando as táticas e formas de luta simbólica da grande rebelião, mas transformando-as segundo o calor dos desafios e as condições de cada momento histórico. Os temas retornam, mas as disjunções e saídas são diversas; retorna-se, mas não ao mesmo ponto. É como um movimento em espiral. A memória histórica se reativa e, ao mesmo tempo, se reelabora e se ressignifica nas crises e nos ciclos de rebelião posteriores. É evidente que, em uma situação colonial, o "não dito" é o que mais significa; as palavras encobrem mais do que revelam, e a linguagem simbólica toma a cena. É por meio de um ato brutal de violência simbólica, o esquartejamento de Katari, que Thomson organiza sua estratégia de investigação, examinando para onde levaram os membros de seu corpo depois de sua morte em Peñas. A cabeça foi exibida no morro Killi-Killi, na encosta leste de La Paz. O braço direito foi levado para a praça de Ayo Ayo (província Sicasica); a perna direita à praça de Chulumani (nos Yungas de La Paz); o braço esquerdo à praça de Achacachi (província Omasuyos) e a perna esquerda ao povoado de Caquiaviri (província Pacajes) (Thomson 2007; 19-24). São esses os quatro lugares que orientam sua busca nos arquivos, nos quais descobre nexos com as províncias Chuchuito (no atual Peru) e Larecaja, no norte de La Paz, conformando assim um percurso de estudo abrangente mas, ao mesmo tempo, aprofundado em alguns casos e lugares que lhe permitem ver processos longos, desenvolvidos durante décadas.

As rebeliões do século XVIII foram uma proposta de ordem social baseada no reconhecimento das diferenças, na possibilidade de uma civilidade compartilhada e uma autoridade legítima. Essa nova ordem social não implicava necessariamente a expulsão ou o extermínio; na realidade, adotou a imagem de uma restituição ou reconstituição: o "Mundo ao Revés" (Waman Poma) devolveria seus fundamentos éticos à ordem social. Construiria-se um espaço de mediação pensado e vivido a partir de uma sintaxe própria.

Aqui, vale a pena mencionar a visão deste cronista *qhichwa*[10] sobre os acontecimentos fundamentais da conquista: a captura e a morte de Atawallpa em 1532 e a execução de Tupaq Amaru I, o Inka rebelde de Willkapampa. Por meio de seus desenhos, Waman Poma cria uma teoria visual do sistema colonial. Ao representar a morte de Atawallpa, ele o desenha sendo decapitado com uma grande faca por funcionários espanhóis. A representação se repete no caso de Tupaq Amaru I, executado em 1571. No entanto, apenas este último morreu decapitado; ao Inka Atawallpa foi aplicada a pena de morte por garrote. O "equívoco" de

10. A autora opta pela grafia de certos termos em quéchua e aimará, duas das mais de trinta línguas oficiais da Bolívia, e aqui seguimos sua orientação.

Waman Poma revela uma interpretação e uma teorização própria sobre esses acontecimentos: a morte do Inka foi, efetivamente, um descabeçamento da sociedade colonizada. Sem dúvida, há aqui uma noção de "cabeça" que não implica a hierarquia usual em relação ao resto do corpo: a cabeça é o complemento do *chuyma* – as entranhas – e não sua direção pensante. Sua decapitação significa, portanto, uma profunda desorganização e desequilíbrio no corpo político da sociedade indígena.

Contudo, essa visão sombria e premonitória, que teve expressão no ciclo de 1781, pode ser contrastada com a imagem do Índio Poeta e Astrólogo – aquele que sabe cultivar a comida, decifrar as marcas do tempo-espaço e *trajinar* pelo mundo, para além das contingências da história.

Conquista
Cortam a cabeça de Atawallpa Inka / Umanta cuchun

Morreu Atahualpa na cidade de Caxamarca[11]. (Fólio 390, facsímile)

11. A autora, além de transcrever o texto presente nas imagens, introduz comentários próprios para contextualizá-las. A transcrição será representada em itálico e o comentário da autora em fonte regular. Cusicanqui também acrescenta breves traduções entre colchetes para explicar os nomes e expressões utilizados por Waman Poma. [N.T.]

CONQVISTA
CORTALE·LA·CAVESA·A
ATAGVALDA·INGA·VMATACVCHV

*murio ataqualpa
en la cuidad de cayamarca*

Bom Governo
Cortam a cabeça de Tupak Amaru em Cusco
(Fólio 451, facsímile)

BVENGOBIERNO
ATOPA AMARO LE COR
TAN LA CAVESE EL CVZCO

Índios
astrólogo poeta que sabe
do percurso do sol e da lua, e eclipse de estrelas e cometas,
hora, domingo e mês e ano dos quatro ventos do mundo
para semear a comida. Desde antigamente.
(Fólio 883, facsímile)

INS
LO ASTRÓLOGO·PVETA Q̃ SAVE

del mundo del sol y de la luna y clip y de las estrellas y tor- / mes y año y / bra domingo y / mientos del / de los quatro / senbrar la / uientos para / semantera / comida

astrologo   q̃ los

Sociologia da imagem: uma visão a partir da história colonial andina

Há tempos, venho trabalhando com a ideia de que, no presente de nossos países, continua vigente uma situação de colonialismo interno. E é a partir deste quadro que vou falar agora sobre o que chamo de sociologia da imagem – a forma como as culturas visuais, ainda que possam contribuir para a compreensão do social, se desenvolveram em uma trajetória própria, que ao mesmo tempo revela e reatualiza muitos aspectos não conscientes do mundo social. Nossa sociedade tem elementos e características próprias de uma confrontação cultural e civilizatória que teve início em nosso espaço a partir de 1532. No colonialismo, há uma função muito peculiar para as palavras: elas não designam, mas encobrem; e isto é particularmente evidente na fase republicana, quando foram adotadas ideologias igualitárias ao mesmo tempo que se escamoteavam os direitos cidadãos da maioria da população. Desse modo, as palavras se converteram em um registro ficcional, repleto de eufemismos que escondem a realidade ao invés de designá-la.

Os discursos públicos se converteram em formas de não dizer. E esse universo de significados e noções não ditas, de crenças na hierarquia racial e na desigualdade inerente aos seres humanos, vai sendo incubado no senso comum e, de vez em quando, irrompe de modo catártico e irracional. Não se fala em racismo e, no entanto, em tempos muito recentes testemunhamos irrupções racistas coletivas – em janeiro de 2007 em Cochabamba e em maio de 2008 em Sucre – que à primeira vista parecem inexplicáveis. Acredito que aí se desnudam as formas escondidas, soterradas, dos conflitos culturais que carregamos e que não podemos racionalizar, nem sequer conversar a respeito. Custa-nos falar, conectar nossa linguagem pública com a linguagem privada. Custa-nos dizer o que pensamos e nos conscientizarmos desse pano de fundo pulsional, de conflitos e vergonhas inconscientes. Isso gerou modos retóricos de nos comunicarmos, duplos sentidos, sentidos tácitos e convenções de fala que escondem uma série de subentendidos que orientam as práticas, ao mesmo tempo que divorciam a ação da palavra pública.

As imagens nos oferecem interpretações e narrativas sociais que, desde os séculos pré-coloniais, iluminam este contexto social e nos oferecem perspectivas de compreensão crítica da realidade. O trânsito entre a imagem e a palavra é parte de uma metodologia e de uma prática pedagógica que, numa universidade pública como a Universidad Mayor de San Andrés, me permitiu fechar as brechas entre o castelhano standard-culto e os modos coloquiais de fala; entre a experiência vivida e visual dos estudantes – em sua maioria migrantes e de origem aymara ou qhichwa – e os percalços que encontravam ao expressar suas ideias em um castelhano acadêmico.

Por outro lado, do ponto de vista histórico, as imagens me permitiram descobrir sentidos não censurados pela língua oficial. Um exemplo disto é o trabalho de Waman Poma de Ayala, cuja obra permaneceu desconhecida por vários séculos e hoje é objeto de diversos estudos acadêmicos. Sua *Primer nueva coronica y buen gobierno* é uma carta de mil páginas, escrita em torno de 1612 a 1615 e dirigida ao rei da Espanha, com mais de trezentos desenhos feitos à tinta. A língua em que escreve Waman Poma está repleta de termos e expressões da fala oral em *qhichwa*, de canções e *jayllis*[12] em aymara e de noções como a de "Mundo ao Revés", que derivavam da experiência cataclísmica da conquista e da colonização. A noção de "Mundo ao Revés" volta a surgir na obra de um pintor chuquisaquenho[13] de meados do século XIX que, em sua acidentada vida política

12. *Jayllis*: canto de vitória, hino triunfal. (LAYME P., Félix. Diccionario bilingue: Aymara-Castellano / Castellano-Aymara. 3 ed. Bolivia: Consejo Educativo Aymara, 2004.) [N.T.]

13. Natural do departamento de Chuquisaca, ao sul da atual Bolívia. [N.T.]

como preso e deportado, chegou a conhecer os lugares mais remotos do país e a conviver com populações indígenas das quais pouco se sabia, como os Bororos no Iténez ou os Chacobos e Moxeños nas planícies orientais. Para ele, o Mundo ao Revés aludia ao governo da república, em mãos de estúpidos, que amarravam os trabalhadores ao arado dos bois (Rivera 1997). Certamente, Melchor María Mercado[14] não conheceu a obra de Waman Poma, que foi descoberta numa biblioteca em Copenhague no início do século XX. Esta ideia deve ter chegado a ele a partir da tradição oral, talvez baseada na noção indígena de *Pachakuti*, a revolta ou reviravolta do espaço-tempo, com a qual se inauguram longos ciclos de catástrofe ou renovação do cosmos.

O *Mundo ao Revés* é uma ideia recorrente em Waman Poma, e é parte daquilo que considero sua teorização visual do sistema colonial. É nos desenhos, mais do que no texto, que o cronista desenvolve ideias próprias sobre a sociedade indígena pré-hispânica, seus valores e conceitos de tempo-espaço e os significados desta hecatombe que foi a colonização e a subordinação em massa da população e do território dos Andes à Coroa espanhola.

14. Artista boliviano (1816-1871) cujo principal trabalho analisado por Cusicanqui é *Álbum de paisajes, tipos humanos y costumbres de Bolivia* (1841- 1869). [N.T.]

Uma primeira ideia é a de ordem/desordem. São várias as sequências em que ele toca neste tema. No início da crônica, Waman Poma mostra diversos tipos de ordens: a ordem das idades; a ordem das *calles*, ou distribuições espaciais nos centros povoados; e o calendário ritual. Apesar de adotar o calendário gregoriano, essa sequência nos mostra a ordem das relações entre os humanos e o mundo sagrado, que acompanha tanto os trabalhos produtivos quanto a convivência comunal e os rituais estatais. Mas logo após detalhar os danos da conquista, os abusos do corregedor e as brutais usurpações e danos perpetrados pela ambição por ouro e prata, Waman Poma retorna ao tema do calendário, desta vez despojado de sua ritualidade pagã. Assim, mostra uma ordem produtiva não isenta de ritualidade e devoção, na qual se sucedem os meses e os trabalhos, vinculando o santoral católico às rotinas laborais. Essa ordem se fundamenta na terra e tem nexos com o calendário ritual das primeiras páginas do livro. Desse modo, põe-se em evidência a centralidade da comida e do trabalho produtivo na ordem cósmica indígena. Na crônica, este é um argumento contundente contra a usurpação de terras e a exploração laboral. Para convencer o rei de que deve impor ordem e bom governo em suas colônias, exclama: "Com a comida se serve a Deus e a sua Majestade. E adoramos a Deus com ela. Sem a comida não há homem nem força" (p. 1027).[15] A exposição do calendário agrícola tem, pois, um fim pedagógico: "Há de se ver e considerar os pobres índios deste reino, olhando a estes ditos meses tudo o que comeis à custa dos pobres índios deste reino do Peru." A exposição dos fundamentos de toda a sociedade e de todo o governo – o trabalho produtivo dos agricultores – é, pois, um adequado desfecho à longa exposição de penúrias.

O calendário ritual descrito no início pode ser visto, então, a partir de outra perspectiva: seu embasamento é também a manutenção de uma relação equilibrada com a terra e com a ordem cósmica representada pelos astros, pelas montanhas e pelos elementos. Embora Waman Poma tenha adotado o calendário gregoriano, que começa em janeiro e termina em dezembro, em todo este ciclo se assentam a ritualidade estatal e a ordem do bom governo. Este sentido do bem comum se baseia em múltiplas relações: dos humanos com a

15. As páginas indicadas são referentes à edição fac-similar, e as imagens ao longo do texto serão referenciadas pelo fólio correspondente da mesma. (Disponível em: Poma de Ayala, Guamán (Waman Poma), *El primer nueva corónica y buen gobierno*. Edição anotada e comentada por Rolena Adorno, John Murra e Jorge Urioste. México: Siglo XXI, [1615] 2006.)

natureza, das famílias com a comunidade e das comunidades com suas autoridades e com o Inka. O conjunto de relações obedece a uma ordem cósmica, na qual dialogam de modo sucessivo e cíclico os governantes, os governados e a terra que os nutre. Em contraste com a obsessão monotemática dos conquistadores com os metais preciosos, que será descrita nos capítulos seguintes, aqui se destaca a diversidade de objetos sacrificiais e a precisão de suas relações com o espaço ou o momento particular da oferenda.

A descrição da ordem espacial tem também um fim didático e comparativo. As hierarquias se expressam em uma forma de ocupação do espaço que distingue as idades e os sexos em uma estrutura de maior a menor prestígio e reconhecimento. Essas hierarquias se expressam nas *calles*, ruas ocupadas por distintos estratos de homens e mulheres, que funcionam como um espelho da hierarquia social. Vejamos o ordenamento do espaço das mulheres. Na primeira *calle*, lugar da mais alta hierarquia, se encontra uma *Awacoc Warmi* (mulher tecelã) de trinta e três a cinquenta anos.

A segunda *calle* é ocupada por mulheres maiores de cinquenta anos, a terceira pelas velhas de oitenta, e a quarta por aquelas com deficiência e pelas enfermas que, como se vê no mês de agosto, cumpriam funções rituais que as colocavam acima das jovens em idade de casar. A quinta *calle*, então, é o lugar das solteiras, até os trinta e três anos. Há aqui uma valoração positiva da experiência e do trabalho, que contrasta radicalmente com o culto à juventude e à beleza, próprio da sociedade invasora. No entanto, o texto mostra uma série de conceituações pejorativas em relação às mulheres mais velhas. Assim, as de cinquenta anos "Lhes chamavam de velha, viúva, promíscua, [...] não faziam caso delas". E, contudo, "eram respeitadas como velhas honradas e se encarregavam das donzelas e participavam de outras *mitas*[16] e obrigações" (p. 192). A valorização pelo trabalho contrasta com a mendicância e com o desprestígio associados à situação colonial. Sobre as mulheres de oitenta anos, da terceira *calle*, Waman Poma diz: "E assim não tinham necessidade de esmola as ditas velhas e os órfãos que não podiam: antes as ditas velhas davam de comer e criavam as crianças órfãs" (p. 195). Ao passo que agora: "Não há quem faça outro tanto pelas moças e moços e velhas que ainda podem trabalhar. Por não abaixar o dorso,

16. A *mita* era um sistema de turnos de trabalho que, a partir da gestão do vice-rei Francisco de Toledo, foi aplicada a dezesseis províncias para administrar o trabalho nas minas, principalmente as da cidade de Potosí. [N.T.]

se fazem pobres; enquanto pobre, tem fantasia e se faz senhor. E não o sendo, de plebeu se faz senhora, dona, e assim é o Mundo ao Revés" (p. 195).

Todas as ordens expostas se concentram em mostrar a organização temporal e espacial da sociedade indígena, entendida como uma ordem justa e um "bom governo". A intenção argumentativa e crítica se torna visível na comparação de uns desenhos com outros, explorando os contrastes e paralelismos, a reiteração de estilos compositivos e a organização de séries. Em certo sentido, este exercício já havia sido feito por Rolena Adorno em sua análise das linhas divisórias internas dos quadros, destacando os valores significativos da direita e da esquerda, da parte de cima e da de baixo, bem como o uso das diagonais e dos espaços centrais, para argumentar que ali se esconde uma espécie de inconsciente andino e uma concepção indígena do espaço. No entanto, não me satisfaz a aproximação estruturalista ou semiótica que se costuma fazer da obra de Waman Poma, tampouco a ideia de sua alteridade indígena. De maneira mais arbitrária, aplico a estes desenhos noções anacrônicas tomadas do cinema, como a de sequência ou a de *flashback*, porque isto me permite explorar outras arestas, hipotéticas, de seu pensamento: seja como contraposição ou como complemento à linguagem escrita, essas ideias parecem apontar à compreensão, à crítica e sobretudo à comunicação do que ele entende como traços fundamentais do sistema colonial. Neste sentido, considero que em seus desenhos há elementos conceituais e teóricos que se transformam em poderosos argumentos críticos. E eles apontam para a impossibilidade de uma dominação legítima e de um bom governo em um contexto colonial, conclusão que poderia facilmente se extrapolar às atuais repúblicas andinas.

Se retornamos à imagem da tecelã pré-hispânica, o comentário é eloquente, e tematiza novamente o nexo entre exploração laboral e desordem moral. Entre o tecido como sinal de maturidade e prestígio e a coação pelas mãos do padre doutrinador há um abismo; e se contemplamos apenas as duas últimas imagens, este significado se perde. A colonização da esfera laboral poderia equiparar-se com a linha de produção da fábrica moderna. Uma conceitualização do trabalho como castigo atravessa o pensamento ocidental, da Bíblia às ideias de pensadores marxistas como Enrique Dussel. Contudo, se olhamos para trás, se recuperamos a noção de convivência entre natureza e seres humanos expressada na ordem das *calles* e dos rituais do calendário, mesmo apesar de suas hierarquias e patriarcalismos, estamos diante de uma crítica muito mais severa e profunda da exploração laboral, que se definiria não como extração de mais-valia, senão como uma afronta moral e um atentado contra a dignidade humana.

Um segundo exemplo disso que poderíamos chamar de teoria iconográfica sobre a situação colonial pode ser visto em uma cena do corregimento, na qual figuras próximas ao corregedor e seus serviçais, sentados à mesa, bebem e comem fartamente enquanto um personagem em primeiro plano recolhe restos de comida e os coloca em uma bolsa. Trata-se de um índio adulto, não de uma criança, pois as cabeças e os corpos dos que estão sentados à mesa foram representados de forma desproporcional. Há aqui uma conceitualização indígena da noção de opressão. Na língua aymara e em qhichwa, não existem palavras como *opressão* ou *exploração*. Ambas as ideias são resumidas na noção (aymara) de *jisk'achasiña* ou *jisk'achaña*: apequenamento, que se associa à humilhante condição de servidão.

A humilhação e a desordem andam de mãos dadas: o "Mundo ao Revés" perturba as hierarquias, põe os servos na condição de capatazes e traça rotas ilegítimas de ascensão social. No texto, Waman Poma fala de hierarquias naturais, de preservar as distâncias entre o alto e o baixo, o superior e o inferior. Parece ter internalizado o discurso racial espanhol e, no entanto, revela a existência de uma ordem hierárquica pré-hispânica, que representa como mais legítima. Não obstante, a imagem de um indígena diminuído diante de seus iguais traça o itinerário psicológico da dominação. A condição de pequenez social e o ato de "abaixar o dorso"[17] resumem o contexto moral da penúria colonial. Mais do que as penas físicas, é o despojamento da dignidade e a internalização dos valores dos opressores que, como em Frantz Fanon, fazem de Waman Poma um teórico da condição colonial.

Outra contribuição para o conhecimento dos fundamentos coloniais dessa sociedade é revelada no fato de que as relações que inaugura são fundadas em uma imagem primitiva: a condição não humana do outro. Desconhecimento e negação que, como demonstrou Jan Szeminski, não eram exclusivos do olhar espanhol sobre os índios, pois eles também consideravam não humanos os recém-chegados. A visão da alteridade radical espanhola diante dos olhos indígenas se plasma em outro

17. No texto original, "abajar el lomo", que remete a posturas de submissão e humilhação. [N.T.]

desenho, que pertence à série da Conquista. O *adelantado*[18] Candia, que, segundo Waman Poma, teria conversado com o Inka,[19] trava com ele o seguinte diálogo:

Wayna Qhapaq: "Kay quritachu mikhunki? (Comes este ouro?)"

Candia: "Este ouro comemos".

O que se segue é um jogo de estereótipos e representações fantasiosas: Na Espanha, este encontro revelará a existência de um império lendário, no qual os tapetes, a roupa, os emblemas e os utensílios são de puro ouro. Anos mais tarde, com a morte de Inka Wayna Qapaq e o reino envolto em uma guerra de sucessão entre Atawallpa e seu irmão Huáscar, os conquistadores, encabeçados por Pizarro e Almagro, se preparam para a emboscada contra o Inka Atawallpa. Mas este já havia sido informado da situação, e

18. O *adelantado* era um servidor da Coroa espanhola que geria uma empresa pública por mandato real. Cusicanqui, em comunicação pessoal, acrescenta que os conquistadores, à medida que rumavam em direção ao sul, mandavam primeiro (*adelante*) um servidor encarregado de explorar, sondar e estabelecer contatos para repassar informações a seus superiores. [N.T.]

19. Na realidade, Candia apareceu nos Andes em 1527, enviado por Pizarro. Este, ao receber suas notícias e uma vez assegurada a existência de metais preciosos no império andino, retorna à Espanha para montar uma expedição guerreira.

Waman Poma destaca a dúvida e o espanto que causam os estrangeiros:

"Como tiveram notícia Atawallpa Inka e os principais senhores, capitães e os demais índios da vida dos espanhóis, se espantaram que os cristãos não dormissem. Dizia-se que velavam e comiam prata e ouro, assim como seus cavalos. E que traziam calçados de prata; falava-se dos freios, ferraduras e armas de ferro e dos chapéus vermelhos. E que de dia e de noite falavam cada um com seus papéis, *quilca*.[20] E que eram todos amortalhados, com as caras cobertas de lã, das quais só se podia ver os olhos[21]. [...] E que traziam os pênis

20. No *Diccionario Bilingue Quechua-Castellano*, *qillqa* é traduzido como "escrita", "arte ou ato de escrever". Pode significar também "documento", ou todo tipo de desenho ou signo escrito (ideograma, pictograma etc.). (AJACOPA, Teófilo Laime, CAZAZOLA, Efraín, LAYME PAIRUMANI, Félix, et. al. Diccionario Bilingue. Iskay simipi yuyayk'ancha. *Quechua-Castellano/ Castellano-Quechua*. La Paz, 2007. p. 83.) [N.T.]

21. Em comunicação pessoal, Cusicanqui esclarece: "[...] Antigamente, amortalhava-se os mortos envolvendo-os em lã de alpaca ou vicunha (dependendo de sua posição social). Como os espanhóis eram muito peludos (diferentemente dos andinos, que não têm barba ou pêlos no rosto), isto causava espanto, porque pareciam cadáveres vivos (o fato de que estavam vivos era visto em seus olhos). Esse é o motivo da surpresa: as barbas e os pêlos faciais, loiros ou brancos, da mesma cor que a lã de alpaca que usavam para amortalhar os defuntos. Em diferentes culturas, existem distintas maneiras de envolver, ornamentar ou cobrir o rosto dos mortos. Na Europa, usam maquiagem." [N.T.]

pendurados atrás, longuíssimos. Falavam das espadas e que estavam totalmente vestidos de prata fina. E que não havia senhor idoso, que todos pareciam irmãos no modo de trajar, falar e conversar, comer e vestir. E que apenas uma cara se parecia com a de um senhor idoso, de cara preta, dentes e olhos brancos, e que apenas este falava muito com todos. (p. 354)"

Falando de noite com seus papéis, amortalhados como cadáveres (por suas barbas), dotados de atributos sexuais enormes e deformados e comedores de ouro e prata, a corporeidade dos intrusos toca as fronteiras do inumano. E suas formas de relação não são menos incompreensíveis: o que manda não possui símbolo algum que o distinga, apenas o ato de falar "muito com todos", em oposição ao mando silencioso e simbólico do Inka. A estranheza, o estupor e a ideia de um cataclisma cósmico parecem estar na raiz da impotência que paira sobre os milhares de soldados do Inka, que não puderam vencer um exército de apenas cento e sessenta homens, com armas e animais que nunca tinham visto. Em um momento posterior, o cerco dos Inkas rebeldes sobre Cusco, a mando de Manco Inka, introduz novos matizes no discurso aculturado de Waman Poma. Segundo ele, a intervenção da Virgem Maria e do poderoso Santiago *mataindios*, que é de imediato associado ao temível Illapa, deus do raio, teria dado a vitória aos sitiados. Contudo, no desenho, as ideias fluem de modo mais sutil. Se Waman Poma escolheu representar ambos, o espanhol e o Inka, em uma posição simétrica, com Candia de joelhos e o Inka sentado, em uma conversa aparentemente amigável e horizontal, o texto do diálogo inserido no desenho introduz uma disjunção e um conflito. O ouro como comida despoja o visitante de sua condição humana e sintetiza o estupor e a distância ontológica que invadiram a sociedade indígena. Esta é uma metáfora central da conquista e da colonização. Seu vigor nos permite dar um salto do século XVI até o presente, da historiografia à política, para denunciar e combater os alimentos transformados em ouro, as sementes como pepitas de morte e a perdição humana como uma ferida na natureza e no cosmos.

Entretanto, as leituras historicistas e as apreciações baseadas em ideias de "autenticidade" e autoria causaram ainda mais dano a esta obra. Há uma enorme quantidade de estudiosos que se propuseram a demonstrar as inverdades e invenções do cronista, seu uso de outros textos e a imprecisão de muitos de seus dados e personagens. O caso de Candia é eloquente: ele nunca realmente se reuniu com Wayna Qapaq; e não foi ele, mas Pizarro, quem viajou à Espanha com o ouro do Inka. A visão estreita da crítica acadêmica, obediente à noção de "verdade histórica", passou ao largo do valor interpretativo da imagem, ignorando o marco conceitual e moral a partir do qual escreve e desenha Waman Poma, e desdenhando do potencial interpretativo de sua postura.

O mesmo ocorre com a representação de duas famosas execuções: a morte de Atawallpa em 1533 e a de Tupaq Amaru I em 1570. Os desenhos dos dois episódios são quase idênticos: o Inka legítimo e o Inka rebelde de Willkapampa jazem atirados, seus corpos orientados no mesmo sentido, enquanto um espanhol corta suas cabeças com uma grande faca e outro os segura pelos pés. Já sabemos que Atawallpa não morreu desta maneira, pois foi submetido à pena do garrote. No caso de Tupaq Amaru I, a representação é mais fiel e a proximidade vivencial do cronista mais evidente. Contudo, o fato de ter projetado esta visão à conquista e à morte de Atawallpa não se justifica pela falta de fontes. É possível sustentar a ideia de que Waman Poma se baseou em versões falsas, que foi vítima de desinformação ou de ignorância? Tratando-se de personagens de tamanha importância, não seria razoável atribuir este "erro" a algo mais do que uma correção ou observação historiográfica?

A semelhança das duas figuras leva naturalmente a um "efeito *flashback*" que nos permite ver nelas uma interpretação, e não uma descrição dos fatos. A sociedade indígena foi descabeçada. Esta imagem se enraíza nos mitos de Inka Ri (cuja cabeça cresce debaixo da terra, até que um dia se unirá ao corpo) que ainda hoje são contados em comunidades do sul do Peru. Trata-se, pois, de uma percepção moral e política do ocorrido: a privação da cabeça, assim como o *destechado*[22] de uma casa ou o corte de cabelo, é considerada nas sociedades andinas como ofensa máxima, fruto de inimizades irredutíveis. É precisamente esta radicalidade destruidora que serve de metáfora para o fato social da conquista e da colonização. A ironia do "bom governo" acentua a intenção argumentativa e se revela nos julgamentos emitidos por escrito. "Como pode um criado sentenciar à morte o rei ou o príncipe ou o duque ou o conde ou o marquês ou o cavaleiro, um pobre cavaleiro deste? Se chama elevar-se e querer ser mais que o rei." (p. 419)[23]

22. Em comunicação pessoal, Cusicanqui explica que *destechar* significa literalmente arrancar o teto de uma casa, de modo a privar alguém do direito de viver em uma comunidade. Quando duas comunidades se enfrentam, o *destechado* é um símbolo da negação de direitos. [N.T.]

23. Neste trecho, Waman Poma expressa sua incredulidade ao perguntar-se como poderiam os conquistadores, meros súditos do Rei de Espanha, desafiar a hierarquia e condenar um rei, o Inka, à morte. [N.T.]

Porém, diferentemente de Atawallpa, que morreu só e rodeado de espanhóis, a morte de Tupaq Amaru I é chorada pelos índios, e são suas as exclamações em qhichwa que explicitam essa inimizade sem trégua: "Ynga Wana Cauri, maytam rinqui? Sapra aucanchiccho mana huchayocta concayquita cuchon?" (Inka Wana Cauri, aonde foste? Nosso inimigo perverso vai cortar o pescoço a ti, que és inocente?). Julgamento ético e interpretação histórica assinalam, assim, os contornos de um olhar para o passado capaz de "acender a faísca" de rebeldias futuras, pois "nem os mortos estarão seguros se o inimigo vencer".[24]

Esta visão sombria e premonitória, que se expressará historicamente na grande rebelião de 1781 (Tupaq Amaru II, Tupaq Katari e outras figuras emblemáticas desta continuidade interrompida), pode ainda ser contrastada com a imagem do Índio Poeta e Astrólogo, aquele que sabe cultivar a comida, para além das contingências da história. Ele é um poeta, no sentido Aristotélico do termo: criador do mundo, produtor dos alimentos, conhecedor dos ciclos do cosmos. E essa *poiesis* do mundo, que se realiza na caminhada, nos

24. BENJAMIN, Walter. O Anjo da História. Org. e Trad. João Barrento. Belo Horizonte: Autêntica Editora, 2012, p.12. [N.T.]

kipus[25] que registram a memória e as regularidades dos ciclos astrais, se mostra como uma evidência e uma proposta. A alteridade indígena pode ser vista como uma nova universalidade, que se opõe ao caos e à destruição colonial do mundo e da vida. Desde antigamente até o presente, são as tecelãs e os poetas-astrólogos das comunidades e aldeias que nos revelam essa trama alternativa e subversiva de saberes e práticas capazes de restaurar o mundo e devolvê-lo ao seu próprio eixo.

25. «*Kipu*: sistema mnemotécnico e de registro usado pelos antigos povos andinos, vinculado à arte têxtil e aos significados abstratos dos nós e das cores. A maior coleção de *kipus* pré-hispânicos está conservada no museu Etnológico de Berlim, mas pouco se avançou no deciframento de sua linguagem, apesar de terem sido usados em vários lugares dos Andes até há pouco. Os rastros de seu uso revelam que não eram apenas registros numéricos, mas também inscrições propiciatórias de natureza ritual, que permitiam ordenar o cosmos ao enumerar as oferendas e as *wak'as*, ou lugares sagrados de culto aos antepasados. A leitura acadêmica sobre os *kipus* arqueológicos, obcecada por estabelecer suas lógicas numéricas, acabou por convertê-los no inverso daquilo que para Barthes é a fotografia, ou seja, em "códigos sem mensagem». (CUSICANQUI, Silvia Rivera; El Colectivo (eds.). *Principio Potosí reverso*. Madri: Museo Nacional Centro de Arte Reina Sofía, 2010.) [N.T.]

O primeiro mês: ***JANEIRO***
Qapaq Raimi Killa [o maior festejo]
Samay Killa [mês do descanso]
penitência e jejum do Inka
(Fólio 238, facsímile)

Oferece-se o próprio corpo, com jejuns e peregrinações a lugares sagrados.

EL PRIMERO MES, ENERO.
CAPAC RAIMI CAMAI
quilla
penetencia y ayunos del ynga

O segundo mês: FEVEREIRO
Pawqar Waray Killa
[mês de vestir-se com roupa preciosa],
sacrifício com ouro e prata e o recebe –
e mullu[26] *e cuies*[27]
sacrifício com ouro e prata, abundância
(Fólio 240, facsímile)

Mais adiante no livro, Waman Poma acrescenta: "Sacrificavam grande soma de ouro e prata e gado às ditas *wak'as*,[28] sol, lua, estrela e *wak'a willka*[29] que estavam nos mais altos morros e neves."

26. Molusco *spondylus*, concha marinha de cor rosada ou avermelhada de grande interesse econômico e cerimonial, com a qual se elaboravam adornos suntuosos. [N.T.]

27. Porquinhos-da-índia que acompanhavam os metais preciosos no ritual de sacrifício. [N.T.]

28. "*Wak'as*: lugar sagrado, ao mesmo tempo poderoso e perigoso. Lugar de culto com formações rochosas. Às vezes se traduz como "encanto"." (Glossário disponível em: CUSICANQUI, Silvia Rivera. *Sociología de la imagen: miradas* ch'ixi *desde la historia andina*. Buenos Aires: Tinta Limón, 2015. p. 335) [N.T.]

29. Espécie de planta medicinal sagrada usada em rituais e cerimônias andinas. [N.T.]

ELSEGVNDO·MES·FEBRERO
sacrificio con oro y plata y lo recibe y mollo y cu ui —

O terceiro mês: MARÇO
Pacha Puquy Killa
[mês da maduração da terra]
Sacrifica com este carneiro negro
(Fólio 240, facsímile)

É tempo de agradecer pelos primeiros frutos com o sacrifício das lhamas negras.

EL TERZERO MES MARZO
sacrifica con este car
nero negro

ABRIL

Samay, Inka Raymi, festejo do Inka

(Fólio 242, facsímile)

Mês de regozijo e de rituais estatais. Cantos às lhamas e aos rios, banquetes públicos e jogos congregam em Cusco as autoridades maiores e menores.

ABRIL
CAMAI·INCAPAIM
fiesta del ynga

MAIO

Hatun Kuski, Aymuray Killa

[grande busca, mês da colheita]

Levam ao depósito as comidas

(Fólio 244, facsímile)

Destaca-se a centralidade da comida no mês de maio do calendário ritual: a "grande busca" se refere à procura pelas *illas*, pedras que representam o poder genésico da terra e sua fertilidade. O desenho reitera a abundância e o movimento coordenado do traslado da colheita aos depósitos comunais ou estatais.

MAIO
HATVN CVSQVI AI
MORAI quilla
lleuan al depocito
las comidas

JUNHO
Hawkay Kuski [descanso da colheita]
Bebe com o sol na festa do sol
(Fólio 246, facsímile)

Pequena festa do Inka: época em que as autoridades devem visitar "os oficiais e os índios comuns deste reino, para que no reino haja abundância de comida, para que se sustentem uns e outros, assim pobres como ricos, hão de comer todos". (Fólio 247)

IVNIO
HAVCAICVS QVI

beue con el sol
en la fiesta del sol

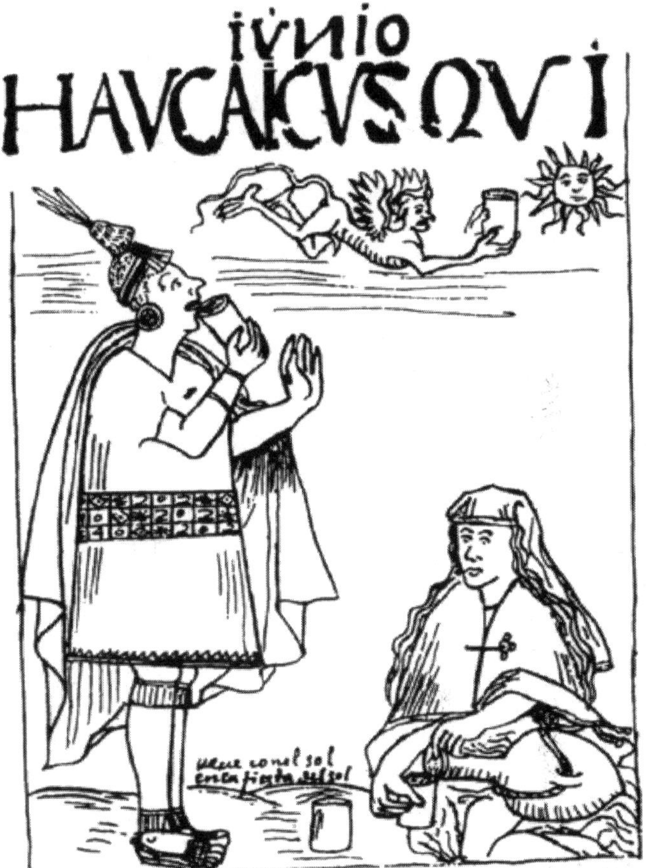

JULHO
Chakra rikuy / chakra qunakuy chawa warkum killa
[mês da inspeção e distribuição de terras]
Waylla Wisa, pontífice
sacrifício
(Fólio 248, facsímile)

Em julho se distribuem as terras com grandes oferendas e sacrifícios. Waylla Wisa, o especialista ritual, se assemelha aos *yatiris*[30] contemporâneos, que queimam as oferendas a partir do final de julho.

30. "*Yatiri*: aquele(a) que sabe. Homem ou mulher de muito conhecimento, especialista ritual." (Glossário aymara em: CUSICANQUI, Silvia Rivera; El Colectivo (eds.). *Principio Potosí reverso*. Madri: Museo Nacional Centro de Arte Reina Sofía, 2010.) [N.T.]

IVLIO
CHACRA RICVICHAC
RACVNACVI · CHAVAVARQVM quilla
vallauiza · pontifize
sacrificio

AGOSTO
Chakra Yapuy Killa [mês de arar terras]
tempo de lavoura, Hayllinmi Ynca
[O Inka dança o *hayllí*, canto do triunfo.]
(Fólio 250, facsímile)

Mês de ritualidade generalizada, com cantos, bebidas e comidas para o momento festivo de abertura da terra. A imagem representa o plantio ritual, no qual uma mulher anã e corcunda revela a importância ritual dos defeitos corporais para convocar a fertilidade e ordenar o mundo caótico do *manqhapacha*.[31]

31. "*Manqhapacha:* espaço interno, subsolo." (Glossário aymara em: CUSICANQUI, Silvia Rivera; El Colectivo (eds.). *Principio Potosí reverso*. Madri: Museo Nacional Centro de Arte Reina Sofía, 2010.) [N.T.]

AGOSTO
CHACRA IAPVI
quilla
tienpo de labransa
hayllinmi ynca

SETEMBRO

Quya Raymi Killa [mês do festejo da rainha]

A festa solene de Quya, a rainha

(Fólio 252, facsímile)

Quya[32] é considerada a rainha do céu, e em sua festa são honrados os planetas e as estrelas. É também o mês das doenças e pestilências, enfermidades da terra que se combatem por meios rituais.

32. Título dado à primeira esposa do Inka [N.T.]

SETIENBRE
COLA RAIMI
quilla
la fiesta solene de la coya la rreyna

OUTUBRO

Uma Raymi Killa [mês do festejo principal]

Carneiro negro ajuda a chorar e a pedir água a deus com a fome que tem

Procissão em que pedem água ao deus Runa Camag [criador dos humanos]

(Fólio 254, facsímile)

Este ritual ainda é praticado em muitas comunidades andinas.

VTVBRE

VMARAIMI

precicion que piden agua a dios runacamag.

NOVEMBRO

Aya Marq'ay Killa [mês de levar os mortos]

a festa dos defuntos

(Fólio 256, facsímile)

Oferendas aos antepassados mortos, que saem de suas tumbas e acompanham as festas e os banquetes dos vivos.

NOBIENBRE
AIA MARCAI
quilla
la fiesta de los defuntos

DEZEMBRO

Qhapaq Inti Raymi

A grande páscoa solene do sol.

(Fólio 258, facsímile)

É talvez o momento de maior concentração do poder simbólico estatal, no qual são oferecidas somas de ouro e prata, bem como sacrifícios animais e humanos.

DEZIEMBRE
CAPAC INTI RAIMI
la gran pascua solene del sol

Primeira calle
Awakuq awocc warmi
de trinta e três anos de idade
(Fólio 215, facsímile)

Mais adiante, Waman Poma acrescenta: "Foram de idade de trinta e três anos, se casavam, até então andavam virgens e donzelas." (Fólio 216)

PRIMERA CALLE
AVACOQ VARMI
de edad de treynta y tres años

Padre que força as índias a tecer roupa dizendo e ameaçando que está em concubinato e lhe golpeia e não lhe paga
doutrina
(Fólio 564, facsímile)

Mais adiante, Waman Poma acrescenta: "Como os ditos padres das doutrinas fiam e tecem, coagem as viúvas e solteiras, dizendo que estão em concubinato para fazê-las trabalhar sem lhes pagar. E assim as índias se fazem grandes putas e não há remédio." (Fólio 565)

Q HAZE TEGR RO

pa. por fuerza alas yndias metiendo y amenazando que se an de amanzebado y le da de palos y no le paga

Padres
Frade dominicano muito colérico e soberbo que reúne as solteiras e viúvas, dizendo que estão em concubinato. Reúne em sua casa e faz fiar, tecer roupa de cunbe [tecido fino], *auasca* [corrente] *em todo o reino nas doutrinas*
(Fólio 645, facsímile)

Mais adiante, Waman Poma acrescenta: "Os ditos reverendos frades são tão brabos e soberbos, de pouco temor a Deus e à justiça, o qual na doutrina castiga cruelmente e se faz justiça. Todo seu ofício é juntar as donzelas e solteiras e viúvas para fiar e tecer roupa [...]. E assim de tanto dano se ausentam os índios e as índias de suas aldeias." (Fólio 646)

FRAILE DOMÍNICO MV I

se ucto y sobersuioso q asunta solteras y biudas deziendo que estan amanzebadas apunta en su casa y los ze hilar texer oro paños y bestidos de auasca en todo el rreyno con las niñas

Corregimento
que o corregedor convida
em sua mesa a comer gente baixa, índio mitayo, mestiço,
mulato e lhe honra
corregedor / mestiço / mulato / índio tributário
Brindes ... senhor curaca
apu, muito senhor, ñuqa servisqaykii
[Senhor, muito senhor, eu vou servir-lhe]
Províncias

COREGIMIENTO
Q EL COREG.OR CONBIDA
mestizo
mulato

Conquista
Wayna Qhapaq Inka / Candia, espanhol
Kay quritachu mikhunki [Este ouro comes?]
Este ouro comemos
Em Cusco
(Fólio 369, facsímile)

CONQVISTA
GVAINACAPAC Y CANDIA
INGA
ESPANOL

Bibliografia

ADORNO, Rolena. "Paradigmas perdidos: Guaman Poma examina la sociedad española colonial" in Duviols; Adorno; López Baralt, *Sobre Guamán Poma de Ayala*. La Paz, Hisbol: 1987.

BENJAMIN, Walter. "Theses on the philosophy of history" in *Illuminations*. Nova York: Verso, 1969.

POMA DE AYALA, Guamán (Waman Poma). *El primer nueva corónica y buen gobierno*. Edição anotada e comentada por Rolena Adorno, John Murra e Jorge Urioste. México: Siglo XXI, [1615] 2006.

CUSICANQUI, Silvia Rivera. "Secuencias iconográficas en Melchor María Mercado" in *Sociología de la imagen*. Buenos Aires: Tinta Limón, 2015.

THOMSON, Sinclair. *Cuando sólo reinasen los indios: política aymara en la era de la insurgencia*. La Paz: Muela del Diablo-Aruwiyiri, 2007.

Ch'ixinakak utxiwa: uma reflexão sobre práticas e discursos descolonizadores

1 A condição colonial esconde múltiplos paradoxos. Por um lado, ao longo da história, o impulso modernizador das elites europeizantes na região andina se traduziu em sucessivos processos de recolonização. Um exemplo são as reformas bourbônicas anteriores e posteriores ao grande ciclo rebelde de 1771-1781. Embora a modernidade histórica tenha sido um período de escravidão para os povos indígenas da América, foi também uma arena de resistências e conflitos, um cenário para o desenvolvimento de estratégias envolventes, contra-hegemônicas e de novas linguagens e projetos indígenas da modernidade (Thomson). A condição para a possibilidade de uma hegemonia indígena está enraizada no território da nação moderna, inserida no mundo contemporâneo, mas é também capaz de retomar a longa memória do mercado interno colonial, da circulação de mercadorias à longa distância, das redes de comunidades produtivas – assalariadas ou não – e dos centros urbanos multiculturais e abigarrados. Em Potosí, o grande mercado da coca e da prata se chamava *el Gato* (uma castelhanização de *qhat*), [33] e as *qhateras* eram o

33. "*Qhatu*: Feira ou mercado onde são vendidos todos os tipos de produtos." (Glossário aymara em: CUSICANQUI, Silvia Rivera; El Colectivo (eds.). *Principio Potosí reverso*. Madri: Museo Nacional Centro de Arte Reina Sofía, 2010.). Cusicanqui, em comunicação pessoal,

emblema da modernidade indígena, o último elo na realização dessas mercadorias plenamente modernas e, ao mesmo tempo, sustentadas na tecnologia e nos saberes indígenas (Numhausen). O espaço do *trajín* colonial foi também o cenário de Tupaq Amaru, Tupaq Katari e Tomás Katari, ligados à circulação mercantil de longa distância. E foi sua experiência de tributação comercial da Coroa – não apenas o *quinto real*, as *alcabalas*,[34] dízimos e outras cargas fiscais, mas também o monopólio da coca, a distribuição compulsória de mercadorias, o recrutamento coercivo de carregadores e *llameros*[35] – que desatou a fúria da rebelião. Frente a formas rentistas e predatórias de coação tributária, o projeto dos Katari-Amaru era expressão da modernidade indígena, na qual a autodeterminação política e

acrescenta: "Por extensão, *qhatera* seria a comerciante dos mercados. Meu argumento é que o mercado interior de Potosí era moderno desde o século XVI, e as *qhateras* eram o elo que conectava a prata com a coca, cuja circulação era plenamente moderna desde então. É preciso entender que a modernidade da qual falo não é a contemporânea, mas a modernidade da época." [N.T.]

34. A *alcabala* foi o imposto mais importante do antigo regime colonial sobre o comércio (principalmente em permuta e compra e venda), pois trazia maiores ganhos à Coroa. [N.T.]

35. Os *llameros* administravam e pastoreavam os rebanhos de lhamas e alpacas do imperador, além de que mantinham as atividades de comunicação e de troca no império. [N.T.]

religiosa significava uma retomada da própria historicidade, uma descolonização dos imaginários e das formas de representação.

Tudo isso mostra que os indígenas fomos e somos, antes de tudo, seres contemporâneos, coetâneos;[36] e nesta dimensão – o *aka pacha* –[37] se realiza e se desenvolve nossa própria aposta pela modernidade.[38] O pós-modernismo culturalista que as elites impõem e que o Estado reproduz de modo fragmentário e subordinado não nos serve como tática. Não há "pós" nem "pré" em uma visão da história que não é linear nem teleológica, que se move em ciclos e espirais, que marca um rumo sem deixar de retornar ao mesmo ponto. O mundo indígena não concebe a história linearmente, e o passado-futuro estão contidos no presente: a regressão ou a progressão, a repetição ou a superação do passado estão em jogo em cada conjuntura e dependem de nossos atos, mais do que de nossas palavras. O projeto de

36. Aqui, seria possível dialogar com as idéias de não-coetaneidade/coetaneidade de Bloch, mas também com a visão histórico-antropológica de Fabian, que fala de *coevalness*.

37. "*Aka pacha*: este tempo-espaço. Tempo-espaço do aqui e agora." (Glossário em: CUSICANQUI, Silvia Rivera Cusicanqui. Sociología de la imagen: miradas *ch'ixi* desde la historia andina. Buenos Aires: Tinta Limón, 2015. p. 322.) [N.T.]

38. Partha Chatterjee chama "*our modernity*", nossa modernidade.

modernidade indígena poderá aflorar no presente, em uma espiral cujo movimento é uma contínua retroalimentação do passado sobre o futuro, um "princípio esperança" ou "consciência antecipante" (Bloch) que vislumbra a descolonização e a realiza ao mesmo tempo.

A experiência da contemporaneidade nos compromete no presente – *aka pacha* – e contém em si mesma sementes de futuro que brotam do fundo do passado – *qhip nayr uñtasis sarnaqapxañani.*[39] O presente é cenário de pulsões modernizadoras e, ao mesmo tempo, arcaizantes; de estratégias preservadoras do *status quo* e de outras que significam a revolta e renovação do mundo: o *pachakuti*. O "Mundo ao Revés" do colonialismo só voltará ao seu eixo, realizando-se como história, se for possível derrotar aqueles que se empenham

39. "Este aforismo pode ser traduzido mais ou menos desta forma: 'Olhando atraś e adiante (ao futuro-passado), podemos caminhar no presente-futuro', embora seus significados mais sutis percam-se com a tradução." (Glossário em: Cusicanqui, Silvia Rivera. Sociología de la imagen: miradas *ch'ixi* desde la historia andina. Buenos Aires: Tinta Limón, 2015. p. 11.) Aparece também na seguinte passagem: "Este passado que poderia ser futuro, este que habita em nossos sonhos do presente. No lugar da nostalgia, há, na verdade, um gesto coletivo de atualização celebratória, de reapropriação paródica do passado. A festa, o ritual, a caminhada por vastos e acidentados territórios nos trazem ao passado vivível, atuante e sensível. Longe de nos fazer sofrer, essas imagens nos energizam e nos emocionam: nos convocam a explorar e atualizar nossas potencialidades utópicas" (Ibid. p. 301). [N.T.]

em conservar o passado, com todo seu lastro de privilégios ilegítimos. Contudo, se eles triunfarem, "nem o passado poderá livrar-se da fúria do inimigo", parafraseando Walter Benjamin.

Quem são os grupos ou classes arcaicas e conservadoras na Bolívia? O que é a descolonização e o que tem a ver com a modernidade? Como se introduz o "nós" exclusivo, etnocêntrico, no "nós inclusivo" – a pátria para todos – que projeta a descolonização? Como temos pensado e problematizado, aqui e agora, o presente colonizado e sua superação?

2

Em 1983, quando Aníbal Quijano falava sobre os movimentos e levantes do campesinato andino como "pré-políticos" – em um texto que oportunamente critiquei[40] –, eu estava escrevendo *Oprimidos pero no vencidos*, uma leitura radicalmente divergente do significado e da pertinência das mobilizações indígenas nos Andes para as lutas do presente. Naquele texto, argumentava que o levante katarista-indigenista de 1979 reivindicou à Bolívia a necessidade de uma "radical e profunda descolonização" em suas estruturas políticas, econômicas e sobretudo mentais, ou seja, em seus modos de conceber o mundo.

40. "Rebelión e Ideología", in *Historia Boliviana*, 1981.

A conclusão a que chegava o livro foi o corolário de uma análise detalhada dos distintos momentos históricos da dominação em nosso país – o horizonte colonial, o liberal, o populista – que subverteram ordenamentos legais e constitucionais e, ao mesmo tempo, reciclaram velhas práticas de exclusão e discriminação. Desde o século XIX, as reformas liberais e modernizadoras na Bolívia deram lugar a uma inclusão condicionada, a uma cidadania "recortada e de segunda classe" (Guha). Mas o preço dessa inclusão falaciosa foi também o arcaísmo das elites. A recolonização permitiu reproduzir modos de dominação senhoriais e rentistas, que se assentavam em privilégios adscritivos[41] outorgados pelo centro do poder colonial. Hoje em dia, a retórica da igualdade e da cidadania se converte em uma caricatura que encobre privilégios políticos e culturais tácitos, noções de sentido comum que tornam a incongruência tolerável e permitem reproduzir as estruturas coloniais de opressão.

As elites bolivianas são uma caricatura do ocidente, e ao falar delas não me refiro apenas à classe política ou à burocracia estatal, mas também à intelectualidade

41. Em comunicação pessoal, Cusicanqui explica: "Trata-se de privilégios não obtidos por mérito mas por favor, ou por 'direito de conquista', que logo os conquistadores tentam transmitir por herança a seus descendentes." [N.T.]

que adota posturas pós-modernas e até pós-coloniais: à academia gringa e a seus seguidores, que constroem estruturas piramidais de poder e capital simbólico, triângulos sem base que atam verticalmente algumas universidades da América Latina e formam redes clientelares entre os intelectuais indígenas e afrodescendentes.

Assim, o departamento de estudos culturais de muitas universidades norte-americanas incluíram os "estudos pós-coloniais" em seus currículos, mas com um selo culturalista e academicista, desprovido do sentido de urgência política que caracterizou as buscas intelectuais dos colegas da Índia. Embora a maioria dos fundadores da revista *Subaltern Studies* fosse parte da elite bengali nos anos 1970 e 1980 – muitos se formaram no mesmo *college* universitário de Calcutá –, sua diferença tinha raiz na língua, na alteridade radical que representava falar bengali, hindi e outros idiomas da Índia, com longa tradição de cultura escrita e reflexão filosófica. Por outro lado, sem alterar de forma alguma a relação de forças nos "palácios" do Império, os estudos culturais das universidades norte-americanas adotaram as ideias dos estudos da subalternidade e lançaram debates na América Latina, criando um jargão, um aparato conceitual e formas de referência e contrarreferência que afastaram a discussão acadêmica dos compromissos e diálogos com as forças sociais insurgentes. Mignolo e companhia construíram um pequeno império dentro do império, recuperando estrategicamente as contribuições dos estudos da subalternidade da Índia e de múltiplas vertentes latino-americanas de reflexão crítica sobre a colonização e a descolonização. Internamente, as elites bolivianas adotaram um multiculturalismo oficial, repleto de citações de Kymlicka e ancorado na noção dos indígenas como minorias. No cenário latino-americano, o estopim foram os protestos em massa contra medidas neoliberais na Venezuela (1989), no México (1994), na Bolívia (2000-2005) e na Argentina (2002), que alertaram a tecnocracia sobre a necessidade de "humanizar o ajuste". O corolário foi um multiculturalismo ornamental e simbólico, com fórmulas como o "etnoturismo" e o "ecoturismo", que colocavam em jogo a teatralização da condição "originária", enraizada no passado e incapaz de conduzir seu próprio destino. Como cortina de fumaça para esconder as negociações da "capitalização", em 1994 Gonzalo Sánchez de Lozada adota, por meio de seu emblemático vice-presidente, a agenda culturalista do indígena, a descentralização municipal e a reforma da Constituição. Por medo da multidão, ou para seguir a agenda de seus financiadores, as elites se sensibilizam às demandas de reconhecimento e de participação política dos movimentos sociais indígenas, adotando um discurso retórico e essencialista, centrado na noção de "povos originários". O reconhecimento – recortado, condicionado e a contragosto – dos direitos culturais e territoriais indígenas permitiu, assim, a reciclagem das elites e a continuidade de seu monopólio no exercício do poder. O que significa esta reapropriação e quais foram suas consequências? Os kataristas e indigenistas, baseados no ocidente andino, tinham uma visão esquemática dos povos orientais e falavam de "aymaras, qhichwas e tupi-guaranis", ou simplesmente de "índios", ao passo que a noção de "origem" nos remete a um passado que se imagina quieto, estático e arcaico. Eis a recuperação estratégica das demandas indígenas e a neutralização de sua pulsão descolonizadora. Ao falar de povos situados na "origem", nega-se a coetaneidade dessas populações, excluindo-as das disputas da modernidade. Outorga-se a elas um status residual, de fato convertendo-as em minorias, reduzidas a estereótipos indigenistas do bom selvagem guardião da natureza.

Assim, à medida que os povos indígenas do oriente e ocidente se limitam às suas Terras Comunitárias de

Origem (TCOs) e se ONGizam, as noções essencialistas e "orientalistas" (Said) se tornam hegemônicas e se convertem em adorno multicultural do neoliberalismo. O novo estereótipo do indígena conjuga a ideia de uma continuidade de ocupação territorial – invariavelmente rural – com uma gama de traços étnicos e culturais que vão limitando as condutas e construindo cenários para um desdobramento quase teatral da alteridade. Rossana Barragán chamou esta estratégia cholo-indígena de autoafirmação étnica de "identidade emblemática".

Mas o discurso multicultural escondia também uma agenda oculta: negar a etnicidade de populações abigarradas e aculturadas – as zonas de colonização, os centros mineiros, as redes comerciais de mercado interno e de contrabando indígenas, as cidades –, permitindo às elites, à tecnoburocracia do estado e às ONGs cumprirem com os ditames do império: "coca zero", erradicação forçada e fechamento dos mercados legais no trópico de Cochabamba, leis de propriedade intelectual, reforma tributária e liquidação do contrabando. O termo "povo originário" afirma e reconhece, mas ao mesmo tempo invisibiliza e exclui a grande maioria da população aymara ou qhichwa do subtrópico, dos centros mineiros, das cidades e das redes comerciais de mercado interno e contrabando. É, portanto, um termo apropriado para a estratégia de não reconhecer as populações indígenas em sua condição de maioria e de negar sua potencial vocação hegemônica e capacidade de efeito estatal.[42]

3 O multiculturalismo oficial descrito anteriormente foi o mecanismo acobertador por excelência das novas formas de colonização. As elites adotam uma estratégia de travestismo e articulam novos esquemas de cooptação e neutralização. Reproduz-se assim uma "inclusão condicionada", uma cidadania recortada e de segunda classe, que molda imaginários e identidades subalternizadas no papel de ornamentos ou massas anônimas que teatralizam sua própria identidade.

O que é, então, a descolonização? Pode ela ser concebida apenas como um pensamento ou um discurso? Creio que este é outro ponto central raramente abordado no debate. Um discurso modernizante – como

42. Esta conferência foi proferida quando ainda não se pensava em um desdobramento da crise estatal como o que se deu no dia 18 de dezembro de 2005 com o triunfo do MAS de Evo Morales e a formação do primeiro governo moderno da América em mãos de um presidente indígena. Entretanto, com o passar dos anos, demonstrou-se que tal identidade emblemática não era mais do que uma fachada acobertadora.

o dos liberais no final do século XIX – só poderia ter sido de fato modernizante se fosse acompanhado de práticas liberais, de operações genuínas de igualdade e coparticipação na esfera pública. Ao reconhecer mal-intencionada e retoricamente uma igualdade aos índios, a lei de *Exvinculación* de 5 de outubro de 1874 cancela a reforma liberal e a converte em uma formalidade que encobre um processo de recolonização agressiva dos territórios indígenas em todo o país, dando lugar a uma forte expansão do latifúndio pela via da expropriação de terras comunais. Enquanto isso, a elite se dedicava a atividades rentistas, a longas viagens pela Europa e, sobretudo, a negócios especulativos com a terra e as concessões mineiras. Os "ilustrados" de então, como os "cientistas" do porfiriato mexicano, construíram assim, com o apoio militante dos aparatos do Estado – em especial o exército –, uma classe rentista e senhorial mais obstinadamente colonial que a espanhola, e também mais arcaica e pré-capitalista. Com efeito, a oligarquia do século XIX se afasta das atividades comerciais e industriais que caracterizaram seus antecessores no século XVI e se dedica à usurpação de terras, à especulação e ao comércio de exportação-importação; enquanto a exportação de matérias-primas se encontra sob o controle do capital estrangeiro e o mercado interno de longa distância (que abarca espaços transfronteiriços bastante amplos em todos os países vizinhos) fica nas mãos de populações indígenas e mestiças com vastas redes urbano-rurais plenamente modernas e vinculadas à reprodução ampliada do capital. É, portanto, a prática das abigarradas coletividades produtivas – inclusive aquelas que "produzem" a circulação – o que define sua condição moderna, enquanto o discurso modernizante das elites apenas encobre processos de arcaização e conservadorismo econômico, cultural e político, que reproduzem e renovam a condição colonial de toda a sociedade.

Não pode haver um discurso da descolonização, uma teoria da descolonização, sem uma prática descolonizadora. O discurso do multiculturalismo e o discurso do hibridismo são leituras essencialistas e historicistas da questão indígena que não tocam nos temas de fundo da descolonização; mas antes encobrem e renovam práticas efetivas de colonização e subalternização. Sua função é suplantar as populações indígenas como sujeitos da história, converter suas lutas e demandas em ingredientes de uma reengenharia cultural e estatal capaz de submetê-las à sua vontade neutralizadora. Um "mudar para que nada mude" que outorgue reconhecimentos retóricos e subordine de forma clientelar os índios a funções puramente emblemáticas e simbólicas, uma espécie de "trabalho escravo cultural" a serviço do espetáculo pluri-multi do Estado e dos meios de comunicação de massa.

4 O gatopardismo[43] das elites políticas e econômicas na América se reproduz em menor escala no cenário das ciências sociais da região andina. Trata-se de uma típica estrutura de "colonialismo interno", tal como a definiu Pablo González Casanovas em 1969. A estrutura arborescente do colonialismo interno se articula com os centros de poder do hemisfério norte, sejam eles universidades, fundações ou organismos internacionais. Refiro-me a este tema crucial – o papel dos intelectuais na dominação do império – porque creio que temos a responsabilidade coletiva de não contribuir com a renovação dessa dominação. Ao participar de fóruns e nos prestar à troca de ideias poderíamos, sem querer, oferecer armas

43. Expressão derivada do romance "O Gattopardo", de Giuseppe Tomasi di Lampedusa (1896-1957), que se refere à atitude anteriormente mencionada pela autora de "mudar para que nada mude". Trata-se de um adjetivo utilizado para designar o cinismo próprio de reformas sociais superficiais, que não resultam em mudanças efetivas e mantêm intactas as estruturas de privilégios. [N.T.]

ao inimigo. E esse inimigo possui múltiplas facetas, tanto locais como globais, situadas nos recantos do "poder pequenino" de nossas universidades e bibliotecas paupérrimas, assim como nas cúpulas do prestígio e privilégio, nesses "palácios" que segundo Spivak são as universidades do norte, de onde saem as ideias dominantes, os *think tanks* (tanques do pensamento, sugestiva metáfora bélica) dos poderes imperiais. A estrutura ramificada do colonialismo interno-externo possui centros e subcentros, nós e subnós, que conectam certas universidades, correntes disciplinárias e modas acadêmicas do norte com seus equivalentes no sul. Tomemos o caso da Universidade de Duke. O departamento de estudos culturais de Duke acolhe em seu seio um emigrado argentino dos anos 1980 que passou sua juventude marxista na França e sua maturidade pós-colonial e culturalista nos Estados Unidos. Dr. Mignolo, numa determinada época, pôs-se a me elogiar, talvez colocando em prática um ditado do sul da Bolívia que diz: "Elogiem o tonto que o verão trabalhar". Retomava ideias minhas sobre o colonialismo interno e a epistemologia da história oral e as regurgitava entramadas em um discurso da alteridade profundamente despolitizado. Tinha o cuidado de evitar textos polêmicos como "Mestizaje colonial andino" mas assumia, de forma descontextualizada, algumas ideias que adiantei em *El potencial epistemológico de la historia oral*, quando o Taller de Historia Oral Andina dava seus primeiros passos e ainda não tinha passado pelas severas crises que somente hoje começamos a superar. Era, então, uma visão extremamente otimista, que em muitos sentidos foi reelaborada em meus textos mais recentes. Contudo, a academia gringa não segue o ritmo dos nossos debates, não interage com a ciência social andina de nenhuma forma significativa (salvo pela concessão de bolsas ou convites a seminários e simpósios). Por isso, Mignolo passou ao largo desses aspectos do meu pensamento.

A moda da história oral então se dissemina na Universidade Andina Simón Bolívar de Quito, cujo departamento de estudos pós-coloniais, a cargo de Catherine Walsh – discípula e amiga de Mignolo –, oferece uma pós-graduação inteiramente assentada na versão logocêntrica e nominalista da descolonização. Neologismos como "de-colonial", "transmodernidade" e "eco-si-mia" proliferam e enredam a linguagem, cristalizando seus objetos de estudo – os povos indígenas e afrodescendentes –, com os quais acreditam dialogar. Além disso, criam um novo cânone acadêmico, utilizando um mundo de referências e contrarreferências que estabelece hierarquias e adota novos gurus: Mignolo, Dussel, Walsh, Sanjinés. Dotada de capital cultural e simbólico, graças ao reconhecimento e à certificação dos centros acadêmicos dos Estados Unidos, esta nova estrutura de poder acadêmico se efetiva na prática por meio de uma rede de professores convidados e visitantes entre universidades e pelo fluxo – do sul para o norte – de estudantes indígenas ou afrodescendentes da Bolívia, do Peru e do Equador, que se encarregam de dar sustento ao multiculturalismo teórico, racializado e exotizante das academias.

Por isso, no lugar de uma geopolítica do conhecimento, eu reivindicaria a tarefa de realizar uma "economia política" do conhecimento. Não apenas porque a "geopolítica do conhecimento" de cunho anticolonial é uma noção que não se leva à prática, e que antes se contradiz por meio dos gestos de recolonização dos imaginários e das mentes da intelectualidade do sul; mas também porque é necessário sair da esfera das superestruturas e esmiuçar as estratégias econômicas e os mecanismos materiais que operam por trás dos discursos. O discurso pós-colonial na América do Norte não é apenas uma economia de ideias, é também uma economia de salários, comodidades e privilégios, bem como uma certificadora de valores, por meio da concessão de títulos, bolsas, mestrados, convites à docência e oportunidades de publicação. Por razões óbvias, e à medida que se agrava a crise das universidades públicas na América Latina, o tipo de estrutura que descrevemos se presta muito bem ao exercício do clientelismo como modo de dominação colonial. Por meio do jogo de quem cita quem, estruturam-se hierarquias e acabamos tendo que engolir, regurgitado, o pensamento descolonizador que nós, populações intelectuais indígenas da Bolívia, do Peru e do Equador, produzimos independentemente. E este processo se iniciou nos anos 1970 – o trabalho de Pablo González Casanovas sobre "o colonialismo interno", quase nunca citado, foi publicado em 1969 –, quando Mignolo e Quijano ainda estavam militando no marxismo positivista e na visão linear da história.

Aqui, vale uma anedota. Escrevi, há tempos, uma crítica política da esquerda boliviana para um seminário que uma fundação acadêmica organizou no México. O artigo, intitulado "Acerca de los problemas de las llamadas izquierdas", tentava criticar o modo como as elites da esquerda marxista na Bolívia, por sua visão ilustrada e positivista, omitiram o debate da identidade índia e os problemas da descolonização, aplicando uma análise reducionista e formulista que os permitia reproduzir comodamente a dominação cultural que exerciam por sua origem de classe, por seu domínio da língua legítima e pelo pensamento ocidental. Era óbvio que, para fazê-lo, usavam discursos acobertadores e se autoproclamavam porta-vozes e intérpretes das demandas dos povos indígenas. Meu artigo usava profusamente a noção de "colonialismo interno" para analisar esse complexo de superioridade dos intelectuais de classe média em relação a seus pares indígenas e todas as derivações políticas disso. O fato é que os editores da revista em inglês sugeriram que eu corrigisse minhas fontes. Disseram que eu deveria citar a ideia de "colonialidade do saber", de Aníbal Quijano, para tornar meu texto acessível a um público que desconhecia por completo as contribuições de Gonzáles Casanovas e do Taller de Historia Oral Andina. Respondi a eles que não tinha culpa se Quijano não lera nosso trabalho em 1983 – nós lemos o dele – e que minhas ideias sobre o colonialismo interno no plano do conhecimento-poder surgiram de uma trajetória inteiramente própria, iluminada por outras leituras – como a de Maurice Halbwachs sobre a memória coletiva, a de Frantz Fanon sobre a internalização do inimigo e a de Franco Ferraroti sobre as histórias de vida – e, sobretudo, pela experiência de ter vivido e participado da reorganização do movimento aymara e da insurgência indígena dos anos 1970 e 1980.

A estrutura vertical dos triângulos sem base que a academia do norte gera em suas relações com universidades e intelectuais do sul se expressa de múltiplas maneiras. Assim, Quijano formula nos anos 1990 a ideia de colonialidade do poder, e Mignolo, por sua vez, formula a noção de "diferença colonial", reapropriando-se das ideias de Quijano e acrescentando a elas novos matizes. Desse modo, surgem as noções de "colonialidade do saber" e "geopolítica do conhecimento". Em seu livro sobre o Sistema Comunal, Félix Patzi se apoia extensamente tanto em Quijano quanto em Mignolo, ignorando as ideias kataristas sobre o colonialismo interno que tinham sido formuladas já nos anos 1980, e mesmo nos anos 1960, na pioneira obra de Fausto Reinaga.

As ideias correm como rios, de sul a norte, e se convertem em afluentes de grandes correntes de pensamento. Porém, como no mercado mundial de bens materiais, as ideias também saem do país convertidas em matéria-prima, que depois retorna, regurgitada e em uma grande amálgama, sob a forma de produto terminado. Forma-se, assim, o cânone de uma nova área do discurso científico social: o "pensamento pós-colonial".

Esse cânone visibiliza certos temas e fontes, mas deixa outros à sombra. Assim, Javier Sanjinés escreve todo um livro sobre a mestiçagem na Bolívia, ignorando olimpicamente o debate boliviano sobre esse mesmo tema. Cooptação e mímese, mímese e cooptação, incorporação seletiva de ideias, seleção certificadora de quais são mais válidas para alimentar esse multiculturalismo de salão, despolitizado e cômodo, que permite acumular máscaras exóticas na sala de estar e conversar por alto sobre futuras reformas públicas. Acreditam que até os nomes dos ministérios na reforma estatal do primeiro governo de Gonzalo Sánchez de Lozada – incluindo a escolha de seu emblemático vice-presidente indígena, Victor Hugo Cárdenas – saíram dos gabinetes do Pnud (Programa das Nações Unidas para o Desenvolvimento) e das reuniões organizadas por Fernando Calderón?

Creio que o multiculturalismo de Mignolo e companhia neutraliza as práticas descolonizantes ao entronizar na academia o limitado e ilusório reino da discussão sobre modernidade e descolonização. Sem prestar atenção às dinâmicas internas dos subalternos, as cooptações deste tipo neutralizam e capturam a energia e a disponibilidade de intelectuais indígenas, irmãos e irmãs que podem ser tentados a reproduzir o ventriloquismo e a rebuscada conceitualização que os distancia de suas raízes e de seus diálogos com as massas mobilizadas.

5 O título desta exposição é *c'hixinakax utxiwa*. Existe também o mundo *ch'ixi*.[44] Pessoalmente, não me considero *q'ara* (culturalmente nua, usurpadora do alheio) porque reconheci plenamente minha origem dupla, aymara e europeia, e porque vivo do meu próprio trabalho. Por isso, me considero *ch'ixi*, e considero ser esta a tradução mais adequada da mescla abigarrada que somos aquelas e aqueles chamados de mestiças e mestiços. A palavra *ch'ixi* tem diversas conotações: é uma cor produzida pela justaposição, em pequenos pontos ou manchas, de duas cores opostas ou contrastantes: o branco e o preto, o vermelho e o verde etc. É um cinza matizado, resultante da mistura imperceptível do branco e do preto, que se confundem na percepção sem nunca se misturar por completo. A noção *ch'ixi*, como muitas outras (*allqa*, *ayni*), obedece à ideia aymara de algo que é e não é

44. Esta parte da conferência foi falada em aymara e, logo depois de uma breve introdução, se propôs ao público que falava a língua uma discussão, que não reproduzimos aqui por razões de espaço. A seguir, resumo e traduzo para o castelhano as ideias principais que surgiram da minha apresentação e do debate.

ao mesmo tempo, ou seja, a lógica do terceiro incluído. Uma cor cinza *ch'ixi* é e não é branca ao mesmo tempo; é branca e também é negra, seu contrário. A pedra *ch'ixi*, por isso, esconde em seu seio animais míticos como a serpente, o lagarto, as aranhas ou o sapo, animais *ch'ixi* que pertencem a tempos imemoriais, a *jaya mara*,[45] aymara. Tempos da indiferenciação, quando os animais falavam com os humanos. A potência do indiferenciado é o que conjuga os opostos. Assim como o *allqamari*[46] conjuga o branco e o preto em uma perfeição simétrica, o *ch'ixi* conjuga o mundo índio com seu oposto, sem nunca misturar-se com ele. Seu heterônimo *chhixi*, entretanto, alude à ideia de cruzamento, de perda de substância e energia. Chama-se *chhixi* a lenha que queima muito rápido, ou aquilo que é molenga e misturado. *Chhixi* corresponde, portanto, à noção atualmente em voga de hibridismo cultural *light*, conformista com a dominação cultural contemporânea.

45. "*Jaya mara:* Tempos (anos) longínquos. O escultor Victor Zapana considera que esta seria a etimologia do termo *aymara*" (Glossário disponível em: Cusicanqui, Silvia Rivera. *Sociología de la imagen: miradas* ch'ixi *desde la historia andina*. Buenos Aires: Tinta Limón, 2015. p. 328.) [N.T.]

46. Ave predadora andina sagrada. Possui metade da plumagem branca e a outra metade negra. [N.T.]

A noção de "hibridismo", proposta por García Canclini, é uma metáfora genética que conota esterilidade. A mula é uma espécie híbrida que não pode se reproduzir. O hibridismo assume a possibilidade de que, da mistura de dois diferentes, possa sair um terceiro completamente novo, uma terceira raça ou grupo social capaz de fundir os traços de seus ancestrais em uma mescla harmônica e sobretudo inédita. A noção de *ch'ixi*, pelo contrário, equivale a de "sociedade abigarrada" de Zavaleta, e reivindica a coexistência em paralelo de múltiplas diferenças culturais que não se fundem, mas que se antagonizam ou se complementam. Cada uma reproduz a si mesma desde a profundidade do passado e se relaciona com as outras de forma contenciosa.

A possibilidade de uma reforma cultural profunda em nossa sociedade depende da descolonização de nossos gestos, de nossos atos e da língua com a qual nomeamos o mundo. Retomar o bilinguismo como uma prática descolonizadora permitirá criar um "nós" de interlocutores(as) e produtores(as) de conhecimento, que poderá posteriormente dialogar de igual para igual com outros focos de pensamento e correntes acadêmicas de nossa região e do mundo. A metáfora do *ch'ixi* assume uma ancestralidade dupla e contenciosa, negada por processos de aculturação e "colonização do imaginário", mas que é também potencialmente harmônica e livre, por meio da libertação de nossa metade índia ancestral e do desenvolvimento de formas dialógicas de construção de conhecimentos.

A metáfora do hibridismo postula que podemos "entrar e sair da modernidade" como se se tratasse de uma quadra ou de um teatro, não de uma construção – ao mesmo tempo objetiva e subjetiva – de hábitos e gestos, de modos de interação e de ideias sobre o mundo. A aposta índia de modernidade é centrada em uma noção de cidadania que não busca a homogeneidade, mas a diferença. Ao mesmo tempo, por tratar-se de um projeto com vocação hegemônica, capaz de traduzir-se nas esferas da política e do Estado em termos práticos, supõe uma capacidade de organizar a sociedade à nossa imagem e semelhança, de tramar um tecido intercultural duradouro e um conjunto de normas de convivência legítimas e estáveis. Isto implica construir uma pátria para todas e todos. Eduardo Nina Qhispi, ligado ao movimento de caciques apoderados dos anos 1920 e 1930, formulou uma utopia de "renovação da Bolívia" em um contexto de surdez colonial das elites oligárquicas e de preparativos de guerra[47] que, internamente, desmontaram as lideranças das comunidades. Nesta sociedade desejável, mestiços e índios poderiam conviver em igualdade de condições mediante a adoção, pelos primeiros, de modos de convivência legítimos assentados na reciprocidade, na redistribuição e na autoridade como serviço. Do mesmo modo, os índios ampliariam e adaptariam suas noções culturalmente pautadas de convivência democrática e bom governo para admitir novas formas de comunidade e identidades mescladas ou *ch'ixi*, com as quais dialogariam criativamente em um processo de troca de saberes, estéticas e éticas.

Neste campo, a noção de identidade como território é própria dos homens, e as formas organizativas que os povos indígenas da Bolívia adotaram ainda se encontram marcadas pelo selo colonial de exclusão das mulheres. Em um projeto de *renovação da Bolívia*, será necessário não apenas superar o multiculturalismo oficial que nos isola e estereotipa, mas também

47. Em comunicação pessoal, Cusicanqui esclarece: "A partir de 1928, houve combates e conflitos entre a Bolívia e o Paraguai que culminaram na declaração da Guerra do Chaco (1932-1935). Os aprestos guerreiros são os momentos que antecedem a guerra, quando um país se alista para começar uma guerra. As ações de Nina Qhispi começaram antes da guerra e se seguiram durante a guerra até sua prisão, em 1934. A Guerra do Chaco foi, portanto, uma "guerra interna" contra os índios e os anarquistas nas cidades." [N.T.]

driblar o logocentrismo machista que desenha mapas e estabelece pertencimentos. A noção de identidade das mulheres se assemelha a um tecido. Longe de estabelecer a propriedade e a jurisdição da autoridade da nação – ou povo, ou autonomia indígena –, a prática feminina tece a trama da interculturalidade por meio de suas práticas: como produtora, comerciante, tecelã, ritualista, criadora de linguagens e de símbolos capazes de seduzir o "outro" e estabelecer pactos de reciprocidade e convivência entre diferentes. Este trabalho sedutor, aculturador e envolvente das mulheres permite complementar a pátria-território com um tecido cultural dinâmico, que se desdobra e se reproduz até abarcar os setores fronteiriços e misturados – os setores *ch'ixi* – que contribuem com sua visão de responsabilidade pessoal, privacidade e direitos individuais associados à cidadania. A modernidade que emerge desses acordos abigarrados e dessas linguagens complexas e mescladas – Gamaliel Churata as chamou de "uma língua com pátria" – é o que a hegemonia índia constrói ao se realizar nos espaços criados pela cultura invasora – o mercado, o Estado, o sindicato. Assim, funda-se um projeto de modernidade mais orgânica e própria que a modernidade falsa das elites, caricaturas de Ocidente que vivem da ventriloquia de conceitos e teorias, de correntes acadêmicas e visões de mundo copiadas do norte ou tributárias dos centros de poder hegemônicos.

O pensamento descolonizador que nos permitirá construir esta Bolívia renovada, genuinamente multicultural e descolonizada, parte da afirmação de um *nós* bilíngue, abigarrado e *ch'ixi*, que se projeta como cultura, teoria, epistemologia, política de Estado e também como definição nova do bem-estar e do "desenvolvimento". O desafio desta nova autonomia reside em construir laços sul-sul que nos permitam romper os triângulos sem base da política e da academia do norte. Construir nossa própria ciência – em um diálogo entre nós mesmos –, dialogar com as ciências dos países vizinhos, afirmar nossos laços com as correntes teóricas da Ásia e da África, e enfrentar os projetos hegemônicos do norte com a força renovada de nossas convicções ancestrais.

Bibliografia citada

BARRAGÁN, Rossana, "Entre polleras, lliqllas y ñañacas: los mestizos y la emergencia de la tercera república" in Arze, Silvia; R. Barragán; Laura Escobari; Ximena Medinacelli. *Etnicidad, economía y simbolismo en los Andes*. II Congreso Inernacional de Etnohistoria, Coroico. La Paz: Hisbol-Ifea-SBH/Asur, 1992.

BLOCH, Ernst, "Efectos políticos del desarrollo desigual" in Lenk, Kurt (comp.), *El concepto de ideología*. Buenos Aires, Amorrortu, 1971.

CHATTERJEE, Partha, *Our modernity*. Amsterdam/Rotterdam/Dakar: Sephis/Codesria, 1997.

CHURATA, Gamaliel, *El pez de plata: recuerdos del laykakuy*. La Paz: Canata, 1950.

FABIAN, Johanes, *Time and the Other: How Anthropology Makes Its Object*. Nova York: Columbia University Press, 1982.

FERRAROTI, Franco, *Histoire et histoires de vie*. París: PUF, 1982.

FOUCAULT, Michel, *La arqueología del saber*. México: Siglo XXI, 1970.

GARCÍA Canclini, *Culturas híbridas: estrategias para entrar y salir de la modernidad*. México: Siglo XXI, 1989.

CASANOVAS, Pablo González. *Sociología de la explotación*. México: Grijalbo, 1969.

GUHA, Ranajit, "La prosa de contrainsurgencia" in RIVERA, Silvia; BARRAGÁN, Rossana (eds.), *Debates postcoloniales: una introducción a los estudios de la subalternidad*. La Paz: Aruwiyiri/Historias/Sephis, 2000.

HALBWACHS, Maurice, *La memoire collective*. Paris: PUF, 1981 [1950].

KYMLICA, Will, *Ciudadanía multicultural: una teoría liberal de las minorías*. Barcelona: Paidós, 1996.

CONDORI, Carlos Mamani, *Taraqu, 1866-1935: masacre, guerra y "renovación" en la biografía de Eduardo L. Nina Qhispi*. La Paz: Aruwiyiri, 1991.

MIGNOLO, Walter, "Diferencia colonial y razón postoccidental", in Castro-Gómez, Santiago (ed.), *La reestructuración de las ciencias sociales en América Latina*. Bogotá: Universidad Javeriana, 2000.

NUMHAUSEN, Paulina, *Mujeres indias y señores de la coca: Potosí y Cuzco en el siglo XVI*. Madri: Cátedra, 2005.

PATZI, Félix, *Sistema comunal: una alternativa al sistema liberal*. La Paz: CEEA, 2004.

RIVERA, Silvia, "Rebelión e ideología", *Historia Boliviana*, n. 2, La Paz, 1982.

_____ "La identidad de un mestizo: acerca de un documento anarquista de 1929", *Contacto*, n. 11, La Paz, 1988.

_____ "Mestizaje colonial andino: una hipótesis de trabajo"

in *Violencias (re)encubiertas en Bolivia*. La Paz: La Mirada Salvaje/Piedra Rota, 2010.

_____ "Mirando los problemas de las llamadas izquierdas" in Varios Autores, *Las izquierdas en México y América Latina: desafíos, peligros y posibilidades*. México: Fundación Heberto Castillo Martínez/A.C., 2004.

SAID, Edward W., *Orientalismo*. Madri: Debate, 2002.

SANJINÉS, Javier, *El espejismo del mestizaje*. La Paz: IFEA/Embajada de Francia/PIEB, 2005.

SPIVAK, Gayatri Chakravorty, *In other worlds: essays in cultural politics*. Nova York/Londres: Routledge, 1987.

TALLER DE HISTORIA ORAL ANDINA, *El indio Santos Marka T´ula, cacique principal de los ayllus de Qallapa y apoderadogeneral de las comunidades originarias de la República*. La Paz: THOA/UMSA, 1984.

_____. *Mujer y resistencia comunaria: historia y memoria*. La Paz: Hisbol, 1986.

THOMSON, Sinclair, *Cuando sólo reinasen los indios: política aymara en la era de la insurgencia*. La Paz: Muela del Diablo/Aruwiyiri, 2007.

WALSH, Catherine; Schiwi, Freya; Gómez; Sara Castro (eds.), *Indisciplinar las ciencias sociales. Geopolíticas del conocimiento y colonialidad del poder. Perspectivas desde lo andino*. Quito: Abya/Yala/UASB, 2002.

Dados Internacionais de Catalogação na Publicação (CIP)
de acordo com ISBD

C986c Cusicanqui, Silvia Riviera

Ch'ixinakak utxiwa: uma reflexão sobre práticas e discursos descolonizadores / Silvia Riviera Cusicanqui ; traduzido por Ana Luiza Braga, Lior Zisman Zalis. - São Paulo : n-1 edições, 2021.
128 p. : il. ; 12cm x 17cm.
Inclui índice.
ISBN: 978-65-86941-69-2

1. Ciências políticas. 2. Descolonização. I. Braga, Ana Luiza. II. Zalis, Lior Zisman. III. Título.

CDD 320
2021-4302 CDU 32

Elaborado por Odilio Hilario Moreira Junior - CRB-8/9949

Índice para catálogo sistemático:

1. Ciências políticas 320
2. Ciências políticas 32

n-1

O livro como imagem do mundo é de toda maneira uma ideia insípida. Na verdade não basta dizer Viva o múltiplo, grito de resto difícil de emitir. Nenhuma habilidade tipográfica, lexical ou mesmo sintática será suficiente para fazê-lo ouvir. É preciso fazer o múltiplo, não acrescentando sempre uma dimensão superior, mas, ao contrário, da maneira mais simples, com força de sobriedade, no nível das dimensões de que se dispõe, sempre n-1 (é somente assim que o uno faz parte do múltiplo, estando sempre subtraído dele). Subtrair o único da multiplicidade a ser constituída; escrever a n-1.

GILLES DELEUZE E FÉLIX GUATTARI

n-1edicoes.org